Trainieren mit Lisa. Heft 1

Bibliografische Information der Deutschen Nationalbibliothek
Die Deutsche Nationalbibliothek verzeichnet diese Publikation in der Deutschen Nationalbibliografie; detaillierte bibliografische Daten sind im Internet über http://dnb.d-nb.de abrufbar.

Nach den seit 2006 amtlich gültigen Regelungen der Rechtschreibung
Satz und Layout: Veris Verlag
Druck: WIRmachenDRUCK GmbH
www.veris-verlag.de
Gedruckt auf chlorfrei gebleichtem Papier

ISBN 978-3-89493-**227**-5

Zum Einsatz der Hefte

Trainieren mit Lisa ist eine Ergänzung zu den Heften **Lesen mit Lisa** und **Schreiben mit Lisa**. Letztere sind im Wesentlichen aus der Arbeit an der Förderschule entstanden und deutlich kleinschrittiger.

Die durch die Inklusion eingeforderte Differenzierung bringt den Bedarf nach Material mit sich, das in Kleingruppen und im Klassenunterricht eingesetzt werden kann.

Leitgedanke ist, dass die meisten Schüler nach einer intensiven Einarbeitungsphase viele Aufgaben weitgehend selbstständig bearbeiten können. Das heißt nicht, dass die Kinder mit den Heften alleingelassen werden dürfen - sorgfältige Kontrollen und Rückmeldungen sind unerlässlich. Darüber hinaus gibt es auch Aufgabenstellungen, die eine gemeinsame Erarbeitung erfordern.

Im Anhang des Heftes finden Sie Kopiervorlagen für Silbendiktate, die je nach Notwendigkeit individuell oft eingesetzt werden können.

Die Lernzielkontrollen beziehen sich chronologisch auf die eingeführten Buchstaben und Wörter. Auch hier muss der Einsatz individuell entschieden werden.

Ganz am Ende des Heftes befindet sich eine Grafikübersicht, um etwaige Unsicherheiten in der Bild-Wort-Zuordnung auszuschließen.

Das Übungsangebot in den Heften ist sehr umfangreich, nicht jedes Kind wird alles bearbeiten müssen.

Die Übungen sind in der Praxis entstanden und durch Rückmeldung zahlreicher Kinder und Kolleginnen und Kollegen ständig weiterentwickelt worden.

Die Fortschrittstabelle

Vor dem sinnentnehmenden Lesen von Texten steht das flüssige Lesen. Leser, die für das Entschlüsseln einzelner Wörter viel Zeit und Aufmerksamkeit brauchen, haben meist keine Ressourcen mehr für die Sinnentnahme.

Auf dem Weg zum Ziel geht es zunächst darum, Dekodiergenauigkeit und Wortautomatisierung zu trainieren.

Die Fortschrittstabelle:

Datum:												
Zeit:	___ Sek.	___ Sek.	___ Sek.	___ Sek.	___ Sek.	___ Sek.	___ Sek.	___ Sek.	___ Sek.	___ Sek.	___ Sek.	___ Sek.
Fehler:												

Die Leseübungen, die mit dieser Tabelle versehen sind, sind für das **Lautleseverfahren** mit einer Begleitung konzipiert. Begleiter können z.B. Lehrer, Eltern, pädagogische Unterrichtshilfen, Lesepaten oder auch leistungsstärkere Schüler sein. (Eine ausführliche Beschreibung und wissenschaftliche Fundierung dieser Methode bietet das Buch von Rosebrock, C., Nix, D., Rieckmann, C., und Gold, A.: Leseflüssigkeit fördern, Seelze 2011)

Die Kinder sollen die jeweiligen Übungen erarbeiten. Mit „Erarbeiten“ ist gemeint, dass sie die Wörter (später auch Sätze und Texte) - soweit notwendig - unterstützt durch Handzeichen erlesen (z.B. die Kieler Lautgebärden). Dabei soll sowohl die Lesezeit als auch die Zahl der Fehler eingetragen werden.

Die Übung sollte dann gemeinsam laut gelesen werden. Die Anzahl der Wiederholungen des gemeinsamen Lesens muss individuell entschieden werden. In Einzelfällen muss auch die Erarbeitung schon begleitet erfolgen.

Anschließend sollen die Kinder möglichst täglich die Übungen wiederholen, bis sie alles möglichst fehlerfrei flüssig vorlesen können.

So kommt es bei jedem Kind zu einer deutlichen Leistungssteigerung. Die Kinder beobachten diese Entwicklung genau und sind in der Regel durch die dokumentierten Erfolge sehr motiviert.

Wir machen mit!

Ali

Mama

Momo

Uli

Lilo

Mimi

Oma

Susi

Schreibe das Wort in die Felder und male die Silbenbögen darunter.

Lisa

Mama

Mimi

Limo

Lilo

Susi

Uli

Silo

Momo

Ali

Tuch:												
Datum:												
Zeit:	___ Sek.	___ Sek.	___ Sek.	___ Sek.	___ Sek.	___ Sek.	___ Sek.	___ Sek.	___ Sek.	___ Sek.	___ Sek.	___ Sek.
Fehler:												

Spure die Artikel in den Farben, die in deiner Klasse gebraucht werden, nach, z.B. der die das.
Male die Figuren in den passenden Farben aus.

der die das

Spure die Punktschrift nach und schreibe die Ziffern in die Kästchen neben die passenden Bilder.
Schreibe dann die richtigen Wörter neben die Bilder.
**Knicke das Blatt so um, dass die Wörter verschwinden und schreibe auswendig.*

1 Susi

2 Salami

3 Limo

4 Lisa

5 Mama

6 Oma

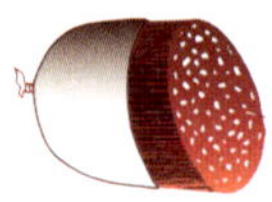

7 Mimi

8 Silo

9 Momo

10 Uli

Wir machen auch mit!

Lisa

Fini

Nina

Lora

Fifi

Simone

Ramona

Rosi

Semira

Ergänze in den Silbenbögen und schreibe dann das ganze Wort.

die Li

Li

das La

O

das Si

Li

Ma

Su

U

Mo

Schreibe das Wort in die Felder und male die Silbenbögen darunter.

Fifi

Sofa

Ufo

Mofa

Fasan

Nase

Rose

Simone

Semira

Ramona

Spure die Punktschrift nach und schreibe die Ziffern in die Kästchen neben die passenden Bilder.
Schreibe dann die richtigen Wörter neben die Bilder.
**Knicke das Blatt so um, dass die Wörter verschwinden und schreibe auswendig.*

1 rosa

2 Lora

3 Mofa

4 Nase

5 Fasan

6 Rose

7 Sofa

8 Ufo

9 Fifi

10 Nina

Ordne die Bilder zu, schreibe die Wörter in die richtigen Kästen und male Silbenbögen darunter.

Fini   das Mofa   Lisa

Lora   das Ufo   das Silo

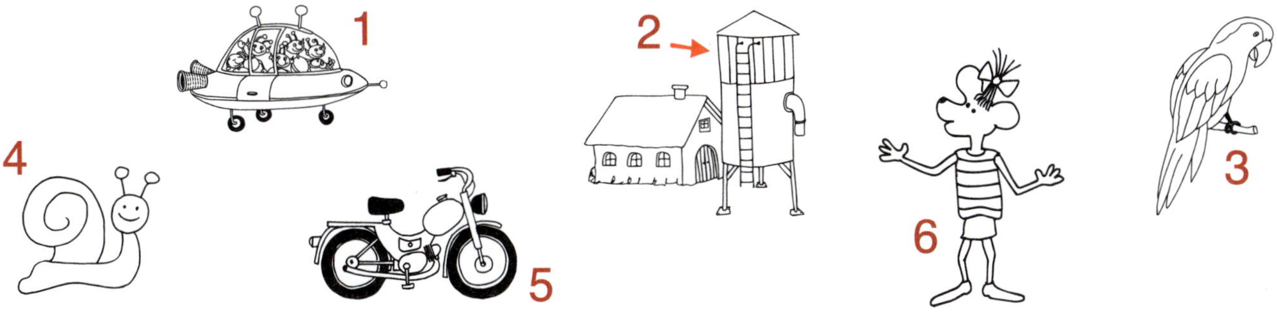

Male die Bilder an, die zu den folgenden Wörtern passen.

das Ufo   die Rose   die Nase   das Lama

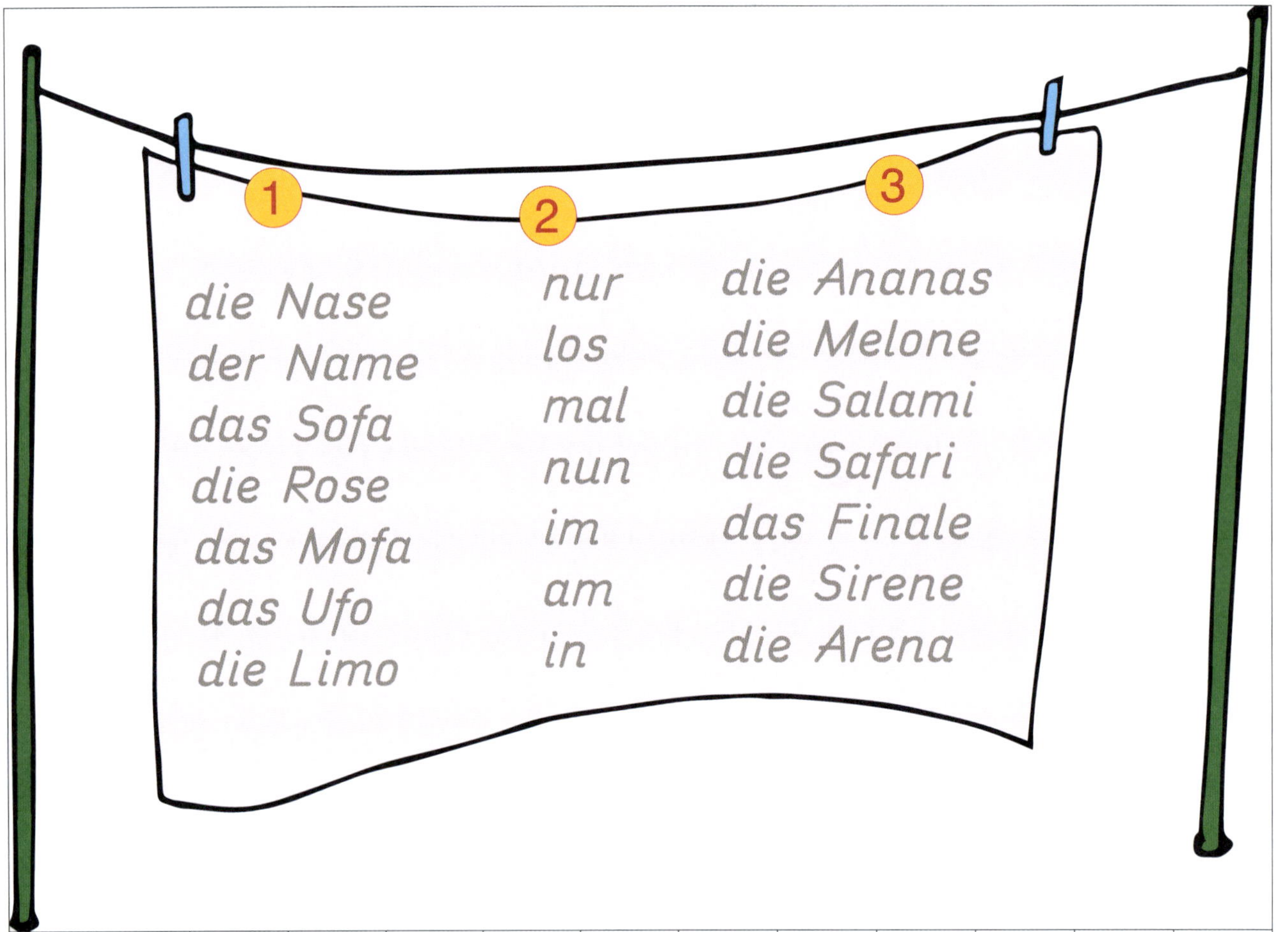

Tuch:												
Datum:												
Zeit:	___ Sek.	___ Sek.	___ Sek.	___ Sek.	___ Sek.	___ Sek.	___ Sek.	___ Sek.	___ Sek.	___ Sek.	___ Sek.	___ Sek.
Fehler:												

Schreibe die Wörter in die richtigen Kästen und male Silbenbögen darunter.

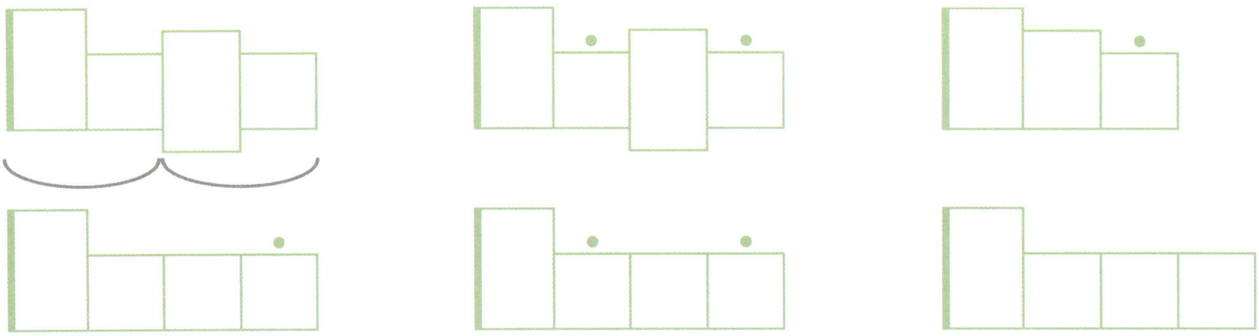

Ordne die Bilder zu, schreibe die Wörter in die richtigen Kästen und male Silbenbögen darunter.

◯ die Ananas ◯ Ramona ◯ Semira

◯ die Melone ◯ Simone

◯ die Salami ◯ die Anemone

1

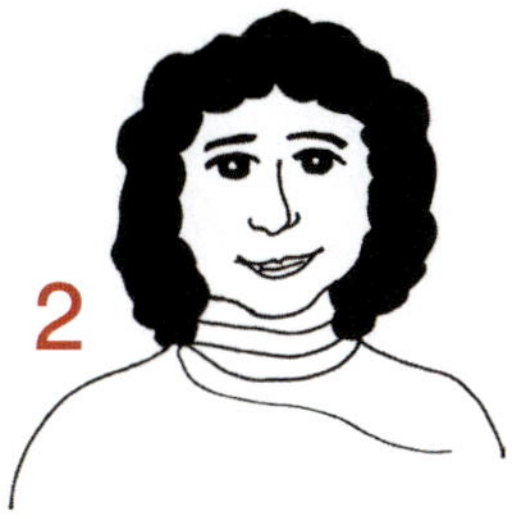

2

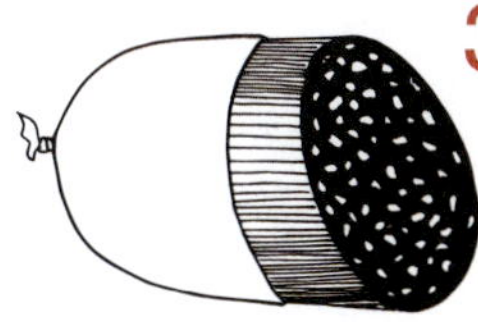

3

4

5

6

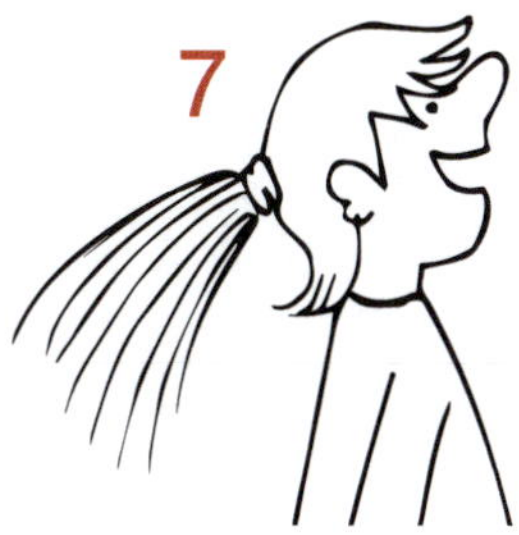

7

Ergänze in den Silbenbögen und schreibe dann das ganze Wort.

das U

Fi

die Ro

das So

A

Li

Mi

das Mo

Lo

die Na

Suche dir 4 Wörter aus und schreibe sie.

 Simo ___

 die Anemo ___

 der Fa ___

 die Melo ___

 Ramo ___

 die Ana ___

 Semi ___

 die Sala ___

Vervollständige die Wörter und schreibe sie dann mit Begleiter in dein Heft.

~~a~~ a a a i i i i i i o o u

L _ s a

S _ f _

L _ m _

F _ n _

S _ s _

S _ l _ m _

Trage die Buchstaben in die Kästchen ein, male die Silbenbögen und finde das Lösungswort.

e a r
i S m

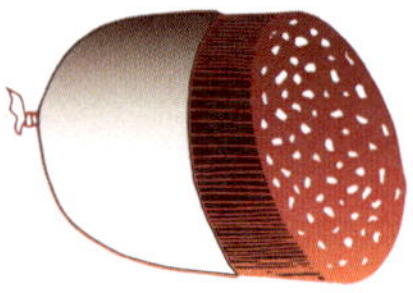

a l
i
m a S

n R
m
a o
a

M e
o
n e l

m n i
e
S o

e n e
A
n o m

n n A
s a a

Lösung:

Schreibe die Wörter in die Silbenbögen darunter.

Lama

Sofa Name Los

Salami nur Lora Mofa

Melone nun Rosine mal Nase

Oma Ufo Ina Ali Arena

La ma

Ordne die Bilder zu, schreibe die Wörter in die richtigen Kästen und male Silbenbögen darunter.
Markiere alle ei / Ei mit einem gelben ◯.

ei und Ei

◯ Eis ◯ Feile ◯ Reise ◯ Seil

◯ Ei ◯ nein ◯ Seife ◯ reif

◯ leise ◯ Leine ◯ Seile ◯ Reis

  Best.-Nr. 227-5

Tuch:												
Datum:												
Zeit:	___ Sek.	___ Sek.	___ Sek.	___ Sek.	___ Sek.	___ Sek.	___ Sek.	___ Sek.	___ Sek.	___ Sek.	___ Sek.	___ Sek.
Fehler:												

Kann das sein?

1. Eine Seife am Sofa? ☺ ☹
2. Reis am Seil? ☺ ☹
3. Mama im Sofa? ☺ ☹
4. Eine Ameise am Mofa? ☺ ☹
5. Eine Reise im Ufo? ☺ ☹

Spure die Punktschrift nach und schreibe die Ziffern in die Kästchen neben die passenden Bilder.
Schreibe dann die richtigen Wörter neben die Bilder.
**Knicke das Blatt so um, dass die Wörter verschwinden und schreibe auswendig.*

1 Feile

2 leise

3 Seife

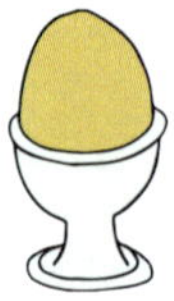

4 Leine

5 Meise

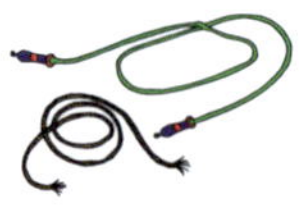

6 Reise

7 Seile

8 Ameise

9 Eis

10 Ei

Schreibe die Wörter mit dem richtigen unbestimmten Artikel.

ein oder eine?

das Sofa

die Reise

die Rose

das Eis

das Ufo

die Seife

der Name

das Seil

das Mofa

die Leine

die Nase

das Ei

die Meise

die Ameise

Ergänze in den Silbenbögen und schreibe dann das ganze Wort.

das ___

die ___ se

die A ___ se

___ se

die ___ le

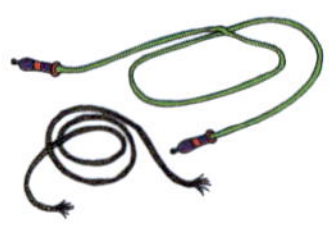

die ___ le

das ___

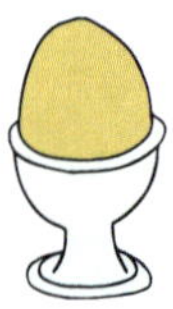

die ___ se

die ___ ne

die ___ fe

Kannst du schon Namen aufschreiben? Wenn nicht, darfst du auch im Heft blättern.

Was für ein Silbensalat. Ordne die Silben zu Wörtern und schreibe sie mit Begleiter in dein Heft.

nas lo na mi se mei ~~la~~ ne

Sa la

A

Me

A

Trage die Buchstaben in die Kästchen ein und male die Silbenbögen.

ei L e n

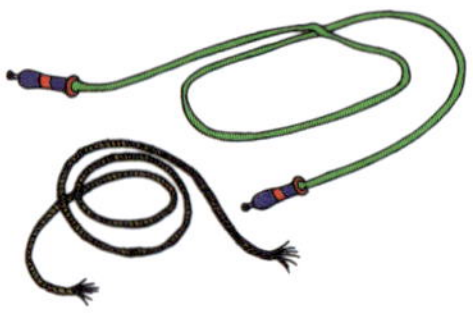

l ei e S

ei n r

ei f e S

R s ei

e M s ei

l F e ei

s ei e R

l e s ei

n n ei

  Best.-Nr. 227-5

Kann das sein?

1. Mama und Lisa lesen. ☺ ☹
2. Eine Nase kann malen. ☺ ☹
3. Simone ist am Sofa. ☺ ☹
4. Ein Mofa kann lila sein. ☺ ☹
5. Kann ein Lama rufen? ☺ ☹
6. Kann eine Rose rosa sein? ☺ ☹

Datum:						
Zeit:	___ Sek.	___ Sek.	___ Sek.	___ Sek.	___ Sek.	___ Sek.
Fehler:						

Schreibe die ☺ Sätze auf.

Ordne die Bilder zu, schreibe die Wörter in die richtigen Kästen und male Silbenbögen darunter. Markiere alle au mit einem roten Stift.

au

○ Maus ○ Laus ○ Maul ○ Sau

○ Saum ○ raus ○ faul

1

2

3

4

5

6
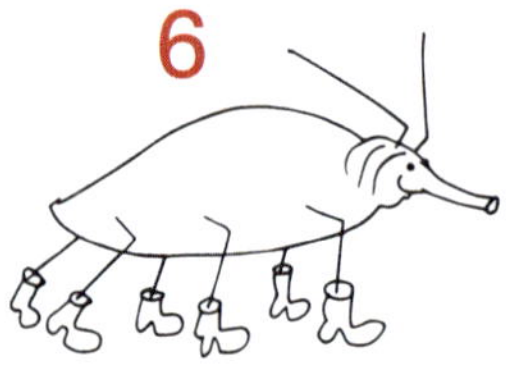

7

Tuch:												
Datum:												
Zeit:	___ Sek.	___ Sek	___ Sek	___ Sek	___ Sek	___ Sek	___ Sek	___ Sek	___ Sek	___ Sek	___ Sek	___ Sek
Fehler:												

Kann das sein? Schreibe die Sätze in dein Heft. Markiere alle ei | au
So viele hast du gefunden:

Eine Laus auf Fifi?

Eine Maus im Raum?

Eine Salami im Maul?

Ein faules Ei?

Eine Sau im Ufo?

Schreibe in die Silbenbögen. Schreibe dann den ganzen Satz unten noch einmal in die Linien.

auf

1 Lisa ist auf dem

2 Leo ist auf dem

3 Mama ist auf dem

4 Die Meise ist auf der

Trage die Buchstaben in die Kästchen ein und male die Silbenbögen. Schreibe dann die Wörter unten in die Linien. Aber aufgepasst – einige Wörter haben einen Begleiter, der gehört dazu!

M
au s

au S

l
M au

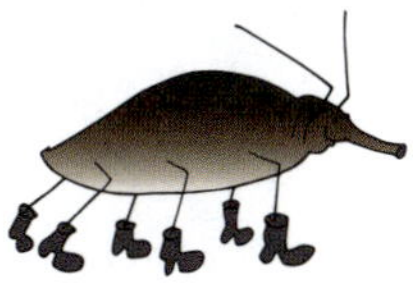

L
s au

f
au l

s au r

S
au m

Schreibe die Wörter in die Silbenbögen darunter.

Reise

Laune Seil raus

Sauna Ameise Maus rein

Maul Eile Meise Raum Safari

Feile Ananas Reis Finale Seife fein

Rei se

  Best.-Nr. 227-5

Das ist Lisa mit ihrem Begleiter Ma. Auch Nomen haben Begleiter.
Schreibe die Wörter mit ihrem Begleiter in die Linien.

der die das

Laus Meise Reise Aula Laune

Reis Feile Raum Sofa Mofa

Maus Melone Eis Rosine

Schreibe die Wörter in die richtigen Kästen und male Silbenbögen darunter.

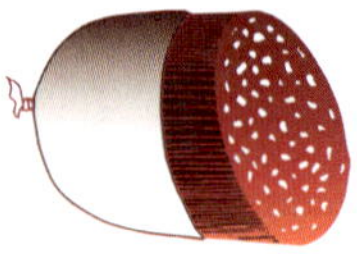

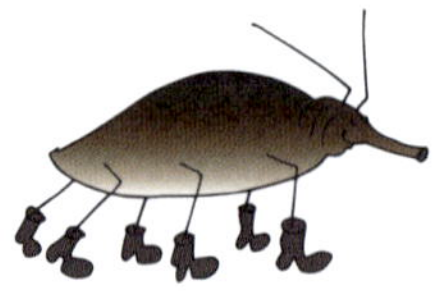

Kann das sein? Schreibe die Sätze in die Linien.

Nina ist in Eile.

Uli ist in der Sauna.

Lora ist im Ufo.

M. Fegers, M. Schiffmann, H. Seidel-Reichenberg: Trainieren mit Lisa. Heft 1 Best.-Nr. 227-5

Finde das Lösungswort.

Schreibe die Wörter in die Linien.

Schreibe die Wörter in die richtigen Kästen und male Silbenbögen darunter.

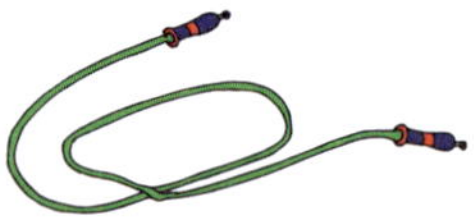

Kann das sein? Schreibe die Sätze in die Linien.

Mimi ist leise.

Fifi ist am Mofa.

Mama ist sauer.

  Best.-Nr. 227-5

Vervollständige die Wörter und schreibe sie dann in dein Heft.
Aber aufgepasst – einige Wörter haben einen Begleiter. Der gehört dazu!

e e e e e e e e a o

~~ei~~ ei ei ei au au au

R e i s _   S _ _ l   l _ _ s _

H _ _ f _ n   L _ _ s   S _ _ f _

l _ _ f _ n   h _ l _ n   m _ l _ n

Kann das sein? Schreibe die Sätze in dein Heft. Markiere alle ei | au
So viele hast du gefunden:

1. Ist eine Maus faul? ☺ ☹
2. Ist die Sau lila? ☺ ☹
3. Ist eine Laus leise? ☺ ☹
4. Ist die Sau an der Leine? ☺ ☹
5. Ist eine Ameise rosa? ☺ ☹
6. Ist eine Ananas sauer? ☺ ☹

Ordne die Bilder zu, schreibe die Wörter in die richtigen Kästen und male Silbenbögen darunter.

der Hafen · der Hof · der Ofen

die Rehe · Ufer · der Uhu · der Hafer

lesen · malen · rufen

1

2

3

4

5

6

7

8
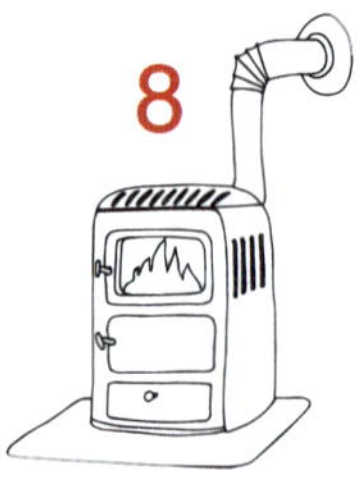

9

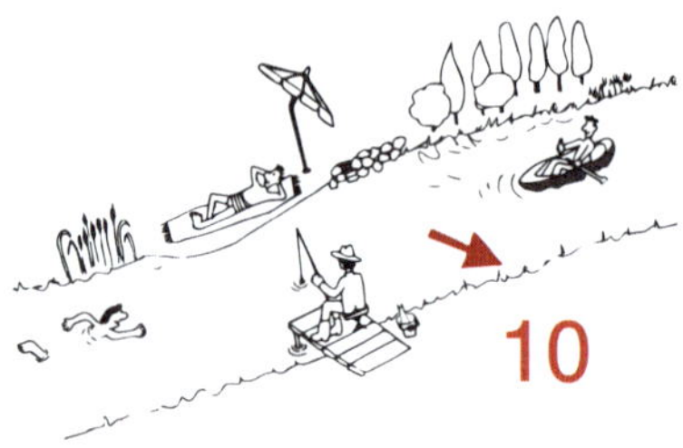
10

Kann das sein?

1. Leila kann leise lesen.

2. Oma kann reisen.

3. Nina kann reimen.

4. Kann Oma sauer sein?

5. Kann Limo im Ufer sein?

6. Kann eine Laus lila sein?

Datum:						
Zeit:	___ Sek.	___ Sek.	___ Sek.	___ Sek.	___ Sek.	___ Sek.
Fehler:						

Reime! Finde die Reime und ordne sie den Bildern zu.

☐ Rose	1 Sofa	☐ Nase	☐ Laus	☐ Reise
☐ Maus	☐ faul	☐ fein	☐ Reis	☐ Eile

1 
 2
3 
4 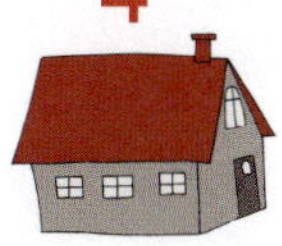
5 
6 
7 
 8
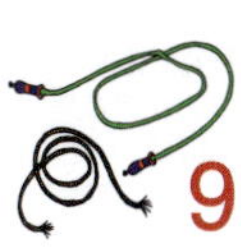 9
10 

Spure die Punktschrift nach und schreibe die Ziffern in die Kästchen neben die passenden Bilder.
Schreibe dann die richtigen Wörter neben die Bilder.
**Knicke das Blatt so um, dass die Wörter verschwinden und schreibe auswendig.*

1 Hafen

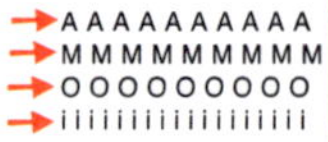

2 Hasen

3 Haufen

4 Hosen

5 Rasen

6 Reifen

7 Reihen

8 Rosen

9 rufen

10 Ofen

  Best.-Nr. 227-5

Kann das sein?

1. Eine Meise ist auf der Leine. ☺ ☹

2. Der Maler hat einen Eimer. ☺ ☹

3. Fifi ist im Reifen. ☺ ☹

4. Im Eimer ist Limo. ☺ ☹

5. Fifi ist an der Leine. ☺ ☹

6. Eine Laus ist am Eimer. ☺ ☹

Datum:						
Zeit:	___ Sek.	___ Sek.	___ Sek.	___ Sek.	___ Sek.	___ Sek.
Fehler:						

Spure die Punktschrift nach und schreibe die Ziffern in die Kästchen neben die passenden Bilder.
Schreibe dann die richtigen Wörter neben die Bilder.
**Knicke das Blatt so um, dass die Wörter verschwinden und schreibe auswendig.*

1 Eier

2 Eimer

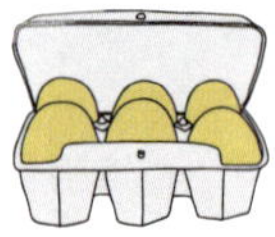

3 Feier

4 Feile

5 Hafer

6 Maler

7 Mauer

8 Maus

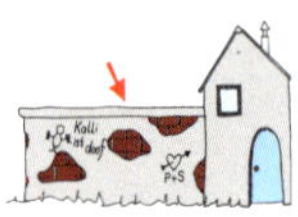

9 Reiher

10 Ufer

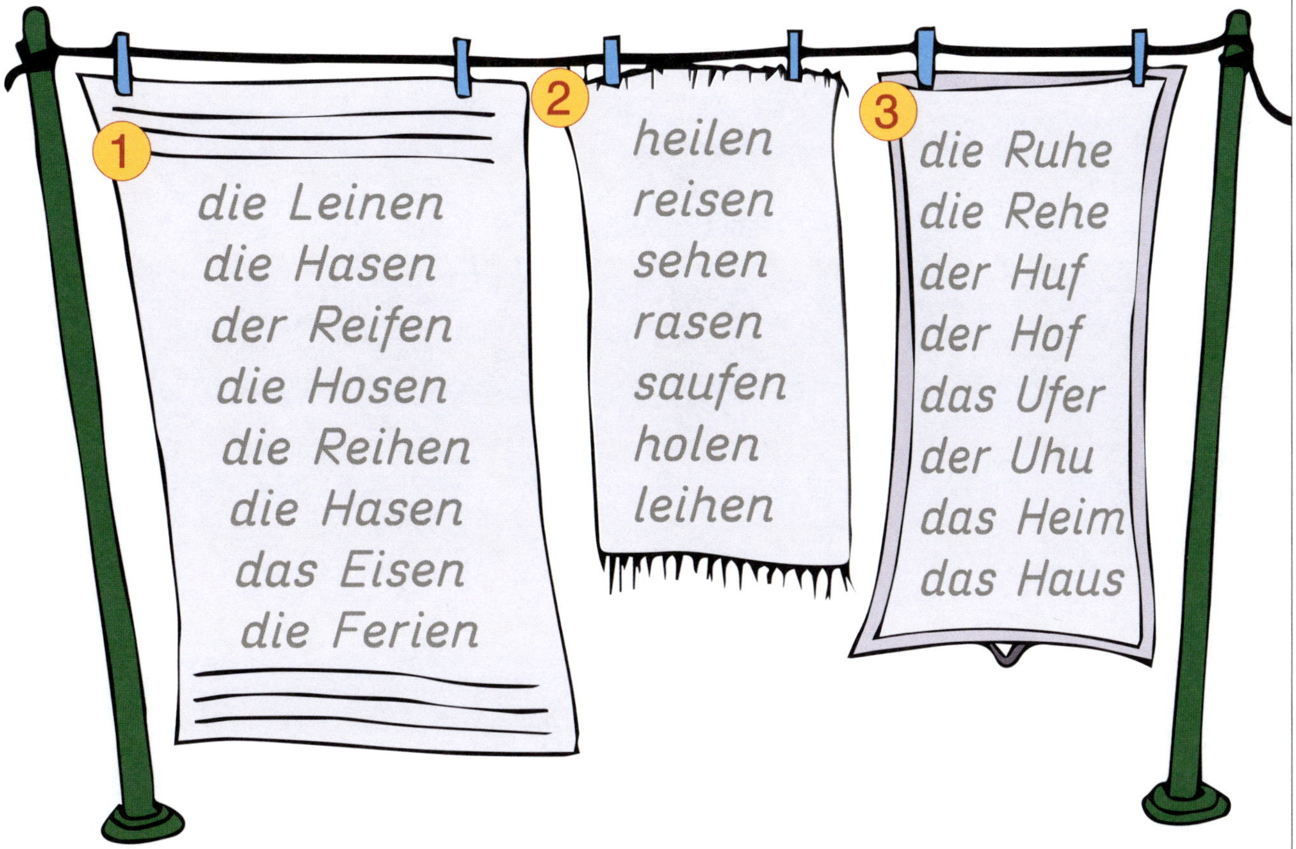

Tuch:												
Datum:												
Zeit:	___ Sek.	___ Sek.	___ Sek.	___ Sek.	___ Sek.	___ Sek.	___ Sek.	___ Sek.	___ Sek.	___ Sek.	___ Sek.	___ Sek.
Fehler:												

Was für ein Silbensalat. Ordne die Silben zu Wörtern und schreibe sie dann in dein Heft. Aber aufgepasst – einige Wörter haben einen Begleiter. Der gehört dazu!

hen fen len ~~fen~~ sen he fer ler sen

Hau fen — Re ___ — lau ___

Ra ___ — U ___ — ho ___

Ma ___ — se ___ — le ___

Spure die Punktschrift nach und schreibe die Ziffern in die Kästchen neben die passenden Bilder.
Schreibe dann die richtigen Wörter neben die Bilder.
**Knicke das Blatt so um, dass die Wörter verschwinden und schreibe auswendig.*

1 Hof

2 Hose

3 Huf

4 Ufo

5 Hufe

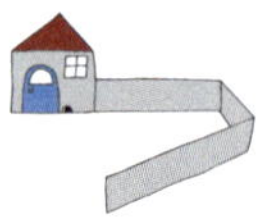

6 Rehe

7 Reihe

8 Uhu

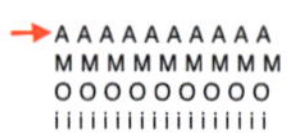

9 Haus

10 Hase

Trage die Buchstaben in die Kästchen ein und male die Silbenbögen.

s n l e e

H f a r e

a H f e n

f o H

n l e a m

s e a n R

R e e h

r e f n u

r e f U

u U h

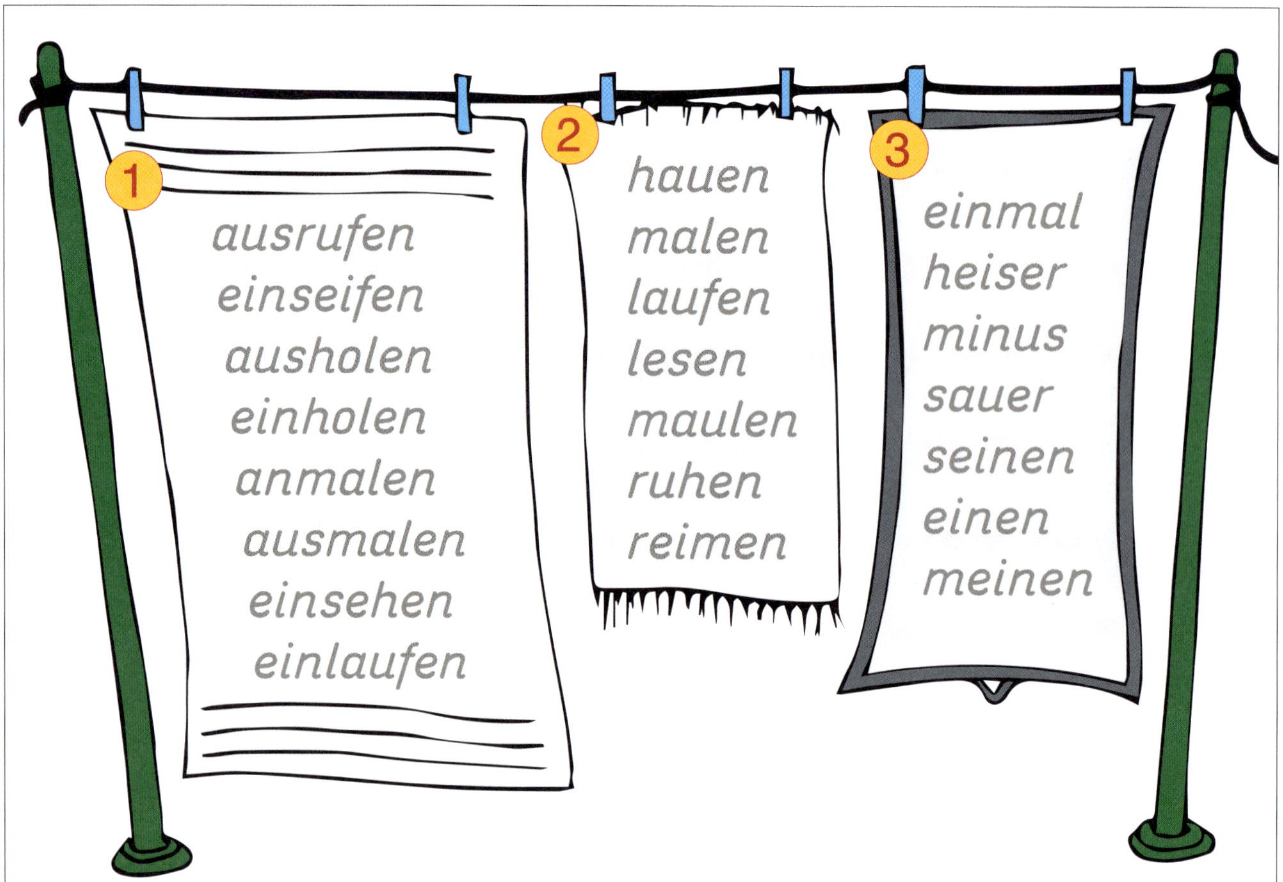

Tuch:												
Datum:												
Zeit:	___ Sek.	___ Sek.	___ Sek.	___ Sek.	___ Sek.	___ Sek.	___ Sek.	___ Sek.	___ Sek.	___ Sek.	___ Sek.	___ Sek.
Fehler:												

Kann das sein? Schreibe die Sätze in dein Heft. Markiere alle ei | au
So viele hast du gefunden:

1. Kann Mimi auf der Lauer sein?
2. Kann ein Ei faulen?
3. Kann Limo auslaufen?
4. Kann eine Hose einlaufen?
5. Kann ein Haus im Hafen sein?
6. Kann Mimi auf der Mauer sein?

Trage die Buchstaben in die Kästchen ein und male die Silbenbögen.

ei r F e

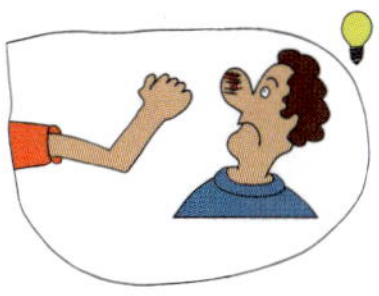

n e au h

H f e au n

n f au e l

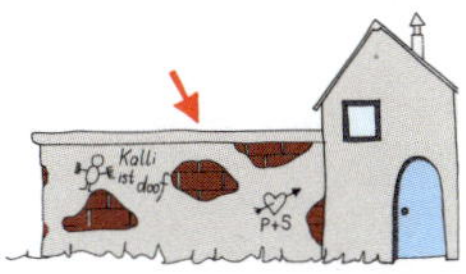

au M e r

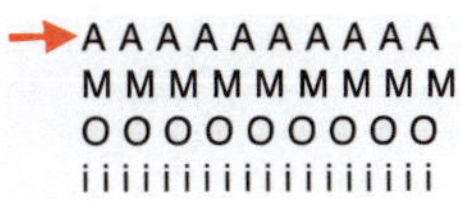

h e ei R

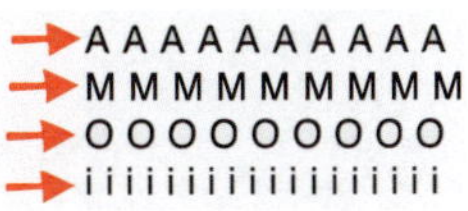

R n e h ei

h r e ei R

f n e ei R

m e r Ei

Ergänze die Endung in den Silbenbögen und schreibe dann das ganze Wort.

...en oder ...er?

die Has

der Mal

der Reif

der Haf

der Of

der Eim

die Fei

die Hos

die Mau

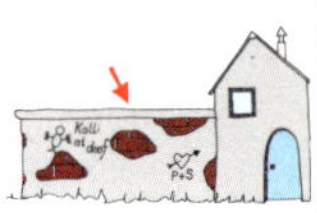

Kann das sein?

1. Kann eine Maus laufen?

2. Kann eine Sau saufen?

3. Kann eine Mauer sausen?

4. Kann eine Laus rufen?

5. Kann eine Mama faul sein?

6. Kann Ali maulen?

Datum:						
Zeit:	___ Sek.	___ Sek.	___ Sek.	___ Sek.	___ Sek.	___ Sek.
Fehler:						

Schreibe die ☺ Sätze auf.

Welcher Satz passt zum Bild? Schreibe den richtigen Satz unter das entsprechende Bild.

1. Lisa ist am Haus.
2. Ein Mofa ist im Hof.
3. Am Eimer ist eine Laus.
4. Im Hof ist eine Maus.
5. Fini ist im Haus.
6. Fini ist am Haus.
7. Im Hof ist eine Meise.
8. Lisa ist im Eimer.
9. Ein Seil ist am Ofen.

M. Fegers, M. Schiffmann, H. Seidel-Reichenberg: Trainieren mit Lisa. Heft 1 Best.-Nr. 227-5

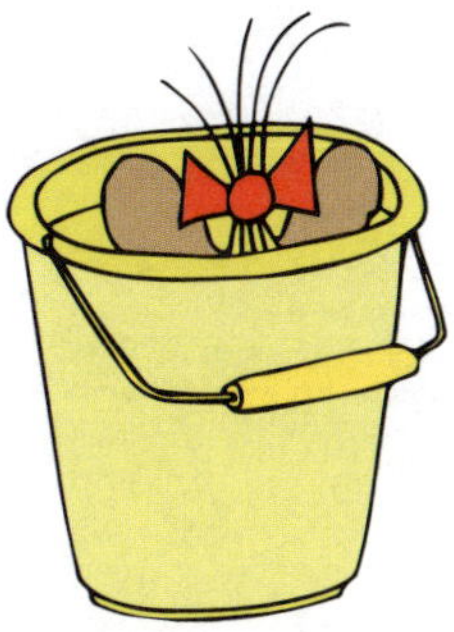

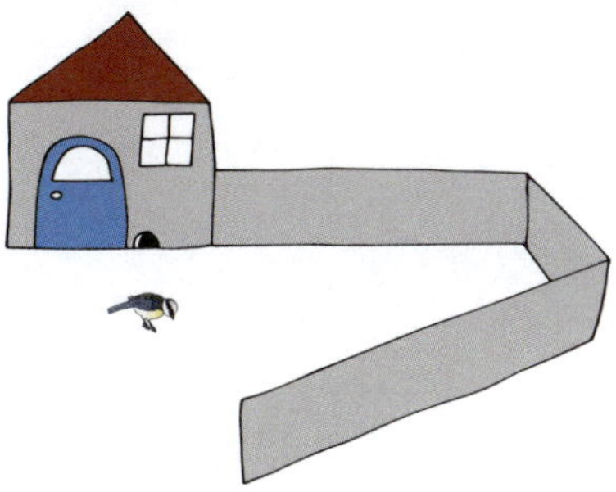

Ergänze die Endung in den Silbenbögen und schreibe dann das ganze Wort.

...en oder ...er?

die Ros

der Reih

der Ras

die Reih

ruf

die Ei

der Hauf

das Uf

der Haf

Das ist Lisa mit ihrem Begleiter Ma. Auch Nomen haben Begleiter.
Schreibe die Wörter mit ihrem Begleiter in die Linien.

der die das

Eimer Feier Ruhe Heim Eisen

Hose Hase Reihe Haufen Reifen

Mofareifen Ofen Mauer Hafen

Schreibe die Wörter mit dem richtigen unbestimmten Artikel.

ein oder eine?

die Hose

das Ufer

das Heim

der Haufen

der Hase

die Mauer

das Eis

das Haus

der Reifen

die Reihe

der Eimer

die Leine

der Maler

der Reiher

Haus und Hof

1. Die Mauer ist rosa. ☺ ☹

2. Das Haus ist lila. ☺ ☹

3. Ein Seil ist im Hof. ☺ ☹

4. An der Leine ist eine Hose. ☺ ☹

5. Eine Maus ist im Hof. ☺ ☹

6. An der Mauer ist eine Rose. ☺ ☹

Datum:						
Zeit:	___ Sek.	___ Sek.	___ Sek.	___ Sek.	___ Sek.	___ Sek.
Fehler:						

Trage die Buchstaben in die Kästchen ein, male die Silbenbögen und finde das Lösungswort.

ei u f s e H n

R au s h e ei n h

f ei o a M e n f r

f m au h s ei e n n e A

Lösung:

Schreibe die Wörter in die Silbenbögen darunter.

Hafen

Hose einholen

Maler Haus Reifen

auslaufen Haufen Reiher

Heim Mofareifen Hof Ameisenhaufen

Mauer reisen lesen ausmalen Rasensamen

Ha fen

Kann das sein?
Der Silbendieb hat einige Silben gestohlen. Trage die fehlenden Silben unten in die Silbenbögen ein.

1. Unser Sofa ist rosa. ☺ ☹

2. Ramona kann leise lesen. ☺ ☹

3. An der Mauer ist ein Haufen. ☺ ☹

4. Auf dem Rasen ist ein Fasan. ☺ ☹

5. Auf dem Sofa ist ein Uhu. ☺ ☹

6. Kann ein Lama Limo saufen? ☺ ☹

1. Un___ So___ ist ro___.

2. Ramo___ kann lei___ le___.

3. An der Mau___ ist ein Hau___.

4. Auf dem Ra___ ist ein Fa___.

5. Auf dem So___ ist ein U___.

6. Kann ein La___ Li___ sau___?

 M. Fegers, M. Schiffmann, H. Seidel-Reichenberg: Trainieren mit Lisa. Heft 1 Best.-Nr. 227-5

Kann das sein?

1. Kann eine Hose sauer sein? ☺ ☹
2. Kann eine Rosine in der Nase sein? ☺ ☹
3. Eine Maus kann eine Oma sein. ☺ ☹
4. Eine Ananas kann sauer sein. ☺ ☹
5. Eine Ameise kann im Haus sein. ☺ ☹
6. Kann ein Maler eine Meise malen? ☺ ☹
7. Kann ein Mofa ein Haus sehen? ☺ ☹
8. Ein Ofen kann aus Rosen sein. ☺ ☹

Datum:								
Zeit:	___ Sek.	___ Sek.	___ Sek.	___ Sek.	___ Sek.	___ Sek.	___ Sek.	___ Sek.
Fehler:								

Vervollständige die Wörter und schreibe sie dann in dein Heft. Aber aufgepasst – einige Wörter haben einen Begleiter. Der gehört dazu!

a e o ei ei ei ei ~~au~~ au au

en en en en en er er

Mau · R f · s h

s f · h l · H s

h s · M f r f

Welcher Satz passt zum Bild? Schreibe den richtigen Satz unter das entsprechende Bild.

1. Im Haus ist eine Melone.

2. Im Hof ist ein Sofa.

3. Ein Seil ist im Hof.

4. Fini ist im Haus.

5. Ein Seil ist im Haus.

6. Fini ist am Haus.

7. An der Leine ist das Seil.

8. Das Sofa ist im Haus.

9. Fini ist im Reifen.

Fini

Kann das sein?
Der Silbendieb hat einige Silben gestohlen. Trage die fehlenden Silben unten in die Silbenbögen ein.

1. Kann Limo im Eimer sein? ☺ ☹

2. Kann Fifi an der Leine sein? ☺ ☹

3. Kann eine Laus auf der Rose sein? ☺ ☹

4. Kann eine Meise in der Hose sein? ☺ ☹

5. Kann eine Ameise auf der Leine sein? ☺ ☹

6. Kann Mimi auf dem Rasen sein? ☺ ☹

1. Kann Li___ im Ei___ sein?

2. Kann Fi___ an der Lei___ sein?

3. Kann ei___ Laus auf der Ro___ sein?

4. Kann ei___ Mei___ in der Ho___ sein?

5. Kann ei___ Amei___ auf der Lei___ sein?

6. Kann Mi___ auf dem Ra___ sein?

Kann das sein?

1. Heiner kann einen Fasan sehen. ☺ ☹

2. Ein Lama hat ein Maul. ☺ ☹

3. Ein Fasan kann am Haus sein. ☺ ☹

4. Kann eine Hose sauer sein? ☺ ☹

5. Kann Oma im Ufo reisen? ☺ ☹

6. Fifi kann um ein Haus rasen. ☺ ☹

Datum:						
Zeit:	___ Sek.	___ Sek.	___ Sek.	___ Sek.	___ Sek.	___ Sek.
Fehler:						

Finde das Lösungswort.

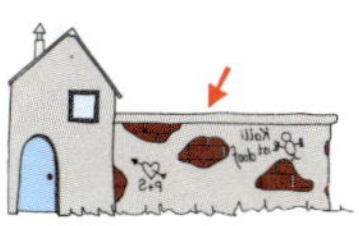

Kann das sein?
Der Silbendieb hat einige Silben gestohlen. Trage die fehlenden Silben unten in die Silbenbögen ein.

1. Ein Hufeisen ist aus Eisen. ☺ ☹

2. Kann ein Lama Eier holen? ☺ ☹

3. Kann ein Maler ein Haus anmalen? ☺ ☹

4. Kann eine Meise auf der Leine sein? ☺ ☹

5. Hat ein Maler einen Eimer? ☺ ☹

6. Kann Fini im Reifen sein? ☺ ☹

1. Ein Hufei___ ist aus Ei___.

2. Kann ein La___ Ei___ ho___?

3. Kann ein Ma___ ein Haus anma___?

4. Kann ei___ Mei___ auf der Lei___ sein?

5. Hat ein Ma___ ei___ Ei___?

6. Kann Fi___ im Rei___ sein?

Kann das sein?

1. Kann eine Feier im Haus sein? ☺ ☹
2. Alisa kann leise lesen. ☺ ☹
3. Eine Maus kann im Eimer sein. ☺ ☹
4. Kann Reis an einer Leine sein? ☺ ☹
5. Kann Mimi Lisa anrufen? ☺ ☹
6. Kann eine Salami sauer sein? ☺ ☹
7. Nele soll 20 Eier holen. ☺ ☹

Datum:							
Zeit:	___ Sek.	___ Sek.	___ Sek.	___ Sek.	___ Sek.	___ Sek.	___ Sek.
Fehler:							

Suche passende Wörter für die Silbenbögen.

Kann das sein?

1. Kann ein Eis im Ofen sein? ☺ ☹

2. Kann ein Sofa auf dem Rasen sein? ☺ ☹

3. Kann eine Melone lila sein? ☺ ☹

4. Kann eine Rosine faul sein? ☺ ☹

5. Kann eine Sirene sauer sein? ☺ ☹

6. Kann Oma eine Leine anrufen? ☺ ☹

7. Kann ein Hase im Haus sein? ☺ ☹

Datum:							
Zeit:	___ Sek.	___ Sek.	___ Sek.	___ Sek.	___ Sek.	___ Sek.	___ Sek.
Fehler:							

Was für ein Silbensalat. Ordne die Silben zu Wörtern und schreibe sie dann in dein Heft. Aber aufgepasst – einige Wörter haben einen Begleiter. Der gehört dazu!

fen sen he fen sen sa ~~er~~ ne se

Mau er	Ei ___	Li ___
Lau ___	sau ___	sau ___
Ru ___	Rei ___	Ha ___

 M. Fegers, M. Schiffmann, H. Seidel-Reichenberg: Trainieren mit Lisa. Heft 1 Best.-Nr. 227-5

Zu welchen Sätzen findest du auf der nächsten Seite die passenden Bilder? Schreibe die Nummern dazu.

1. Im Eimer ist Limo.

2. Lisa und Mama lesen.

3. Eine Maus ist am Ofen.

4. Lisa kann leise lesen.

5. Im Eimer ist eine Laus.

6. Ein Seil ist am Ofen.

7. Auf dem Sofa ist eine Seife.

8. Hein ist leise.

9. Die Meise ist auf dem Sofa.

10. Fini ist im Reifen.

11. Nino und Rosi malen.

12. Ein Seil ist im Eimer.

Datum:												
Zeit:	___ Sek.	___ Sek.	___ Sek.	___ Sek.	___ Sek.	___ Sek.	___ Sek.	___ Sek.	___ Sek.	___ Sek.	___ Sek.	___ Sek.
Fehler:												

Fini

Suche dir 5 Bilder aus und schreibe Sätze dazu.

Was stimmt?

1. Auf der Leine sind Ameisen. ☺ ☹

2. Die Meise ist in der Hose. ☺ ☹

3. Mimi ist im Eimer. ☺ ☹

4. Lisa hat eine rosa Hose an. ☺ ☹

5. Ein Seil ist an der Leine. ☺ ☹

6. Lisa hat eine Nase auf. ☺ ☹

7. Susi hat ein Lineal. ☺ ☹

Datum:							
Zeit:	___ Sek.	___ Sek.	___ Sek.	___ Sek.	___ Sek.	___ Sek.	___ Sek.
Fehler:							

Diktat 1
Text auf Seite 81

Kann ein Hufei___ lau___?

Ein Mann kann ei___ Ei___ ho___.

Ein O___ kann aus Ei___ sein.

Ei___ Maus hat ei___ fei___ Na___.

Kann ein Mofarei___ aus Ei___ sein?

Ei___ Maus kann ei___ O___ sein.

Kann ei___ Fei___ im Haus sein?

Kann ein Mo___ lei___ sein?

Ei___ Maus kann im Ei___ sein.

Bringe Ordnung in das Durcheinander und schreibe die Sätze richtig in die Linien.

1 * Im Haus * 3 * eine Feier * 2 * ist *

* lesen * * leise * * Alisa kann *

* ein Sofa * * Auf dem Rasen * * ist *

* eine Maus * * Im Hof * * ist *

* holen * * einen Eimer * * Ramona kann *

* leise * * Eine Laus kann * * sein *

* Mimi * * Die Maus kann * * sehen *

Zu welchen Sätzen findest du auf der nächsten Seite die passenden Bilder? Schreibe die Nummern dazu.

1. Im Haus ist ein roter Ofen.

2. An der Mauer ist ein Haufen.

3. Auf dem Haus ist ein Fasan.

4. Mimi ist auf der Mauer.

5. Fifi ist an der Leine.

6. Ein Mofa ist im Hof.

7. Auf dem Rasen ist ein Fasan.

8. Ein Seil ist an der Leine.

9. Eine Melone ist im Haus.

10. Eine Meise ist auf der Leine.

11. Ein Hufeisen ist aus Eisen.

12. Reiner und Mimi ruhen aus.

Datum:												
Zeit:	___ Sek.	___ Sek.	___ Sek.	___ Sek.	___ Sek.	___ Sek.	___ Sek.	___ Sek.	___ Sek.	___ Sek.	___ Sek.	___ Sek.
Fehler:												

LISA
ist
in PISA

Kalli
ist doof
P+S

Kalli
ist doof
P+S

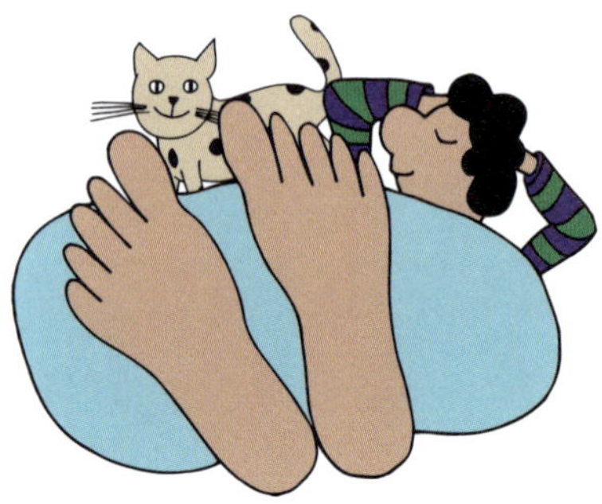

Suche dir 5 Bilder aus und schreibe Sätze dazu.

Bringe Ordnung in das Durcheinander und schreibe die Sätze richtig in die Linien.

3 * lila *   1 * Meine Hose *   2 * ist *

* Die Ameise *   * im Haus *   * ist *

* ein Fasan *   * Auf dem Rasen *   * ist *

* sauer sein *   * Eine Ananas *   * kann *

* Fifi *   * kann *   * rasen *   * aus dem Haus *

* aus Eisen *   * Ein Ofen *   * kann *   * sein *

* kann *   * eine Meise *   * Der Maler *   * malen *

Diktat 2
Text auf Seite 81

Kann ein Ma___ eine Mei___ ma___?

Kann ein La___ Wasser sau___?

Kann ein Rei___ am U___ sein?

Lona kann ei___ ro___ Ho___ ma___.

Kann ei___ Rosi___ in der Na___ sein?

Kann ei___ Maus im Ha___ sein?

Li___ und Lei___ lei___ ein Seil aus.

Ro___ kann Re___ auf dem Ra___ se___.

Wir se___ Amei___ im Ra___.

Silbendiktat

Datum: ____________

Silbendiktat

Datum: ____________

Silbendiktat

Datum: ____________

Lernzielkontrolle 1 (ab Seite 6) Datum: ____________

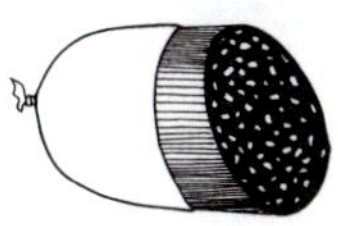

Lernzielkontrolle 2 (ab Seite 17) Datum: ____________

  Best.-Nr. 227-5

Lernzielkontrolle 3 (ab Seite 35) Datum: ____________

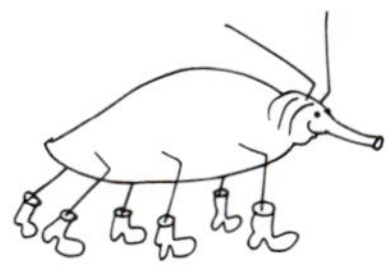

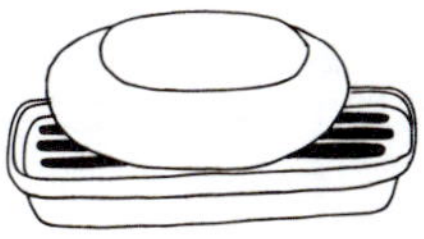

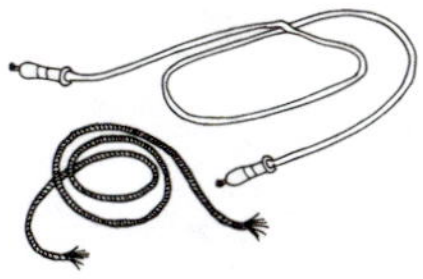

Lernzielkontrolle 4 (ab Seite 55) Datum:___________

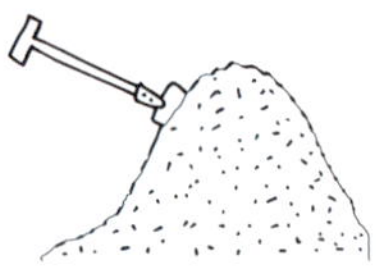

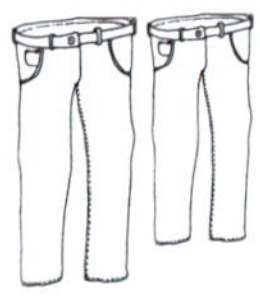

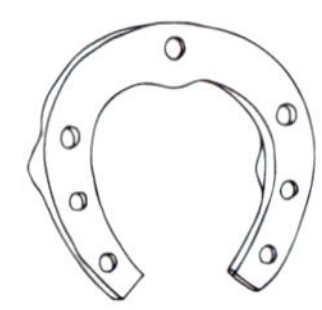

  Best.-Nr. 227-5

Diktattext 1

Kann ein Hufeisen laufen ?

Ein Maler kann einen Eimer holen.

Ein Ofen kann aus Eisen sein.

Eine Maus hat eine feine Nase.

Kann ein Mofareifen aus Eisen sein ?

Eine Maus kann eine Oma sein.

Kann eine Feile im Haus sein ?

Kann ein Mofa leise sein ?

Eine Maus kann im Eimer sein.

Diktattext 2

Kann ein Maler eine Meise malen ?

Kann ein Lama Wasser saufen ?

Kann ein Reiher am Ufer sein ?

Lona kann eine rote Hose malen.

Kann eine Rosine in der Nase sein ?

Kann eine Mauer im Hafen sein ?

Lilo und Leila leihen ein Seil aus.

Rosi kann Rehe auf dem Rasen sehen.

Wir sehen Ameisen im Rasen.

In diesem Heft vorkommende Grafiken, alphabetisch sortiert.

Ali
Ameise
Ameisenhaufen
Ananas
Anemone
Ei
Eier
Eis
Eimer
Fasan
faul
Feier
Feile
Fifi
Fini
Hafen

Hafer
Hase
Hasen
hauen
Haufen
Haus
Hof
Hose
Hosen
Huf
Hufe
Hufeisen
Lama
laufen
Laus
Leine

leise
lesen
Lilo
Limo
Lisa
Lora
malen
Maler
Mama
Mauer
Maul
Maus
Meise
Melone
Mimi
Mofa

In diesem Heft vorkommende Grafiken, alphabetisch sortiert.

 *Mofareifen*

 *Momo*

 *Nase*

 *nein*

 *Nina*

 *Ofen*

 *Oma*

 *Ramona*

 *Rasen*

 *raus*

 *Rehe*

 *reif*

 *Reifen*

 *Reihe*

 *Reihen*

 *Reihenhaus*

 *Reiher*

 *rein*

 *Reis*

 *Reise*

 *rosa*

 *Rose*

 *Rosen*

 *Rosi*

 *rufen*

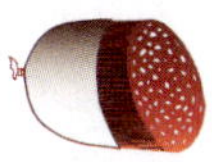 *Salami*

 *Sau*

 *Saum*

 *Seife*

 *Seil*

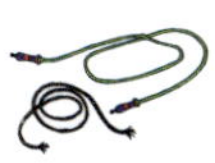 *Seile*

 *Semira*

 *Silo*

 *Simone*

 *Sofa*

 *Susi*

 *Ufer*

 *Ufo*

 *Uhu*

 *Uli*

Weitere Titel von Monika Schiffmann, Helga Seidel-Reichenberg und Markus Fegers:

Lesen mit Lisa

Lesen mit Lisa ist Lese- und Rechtschreibmaterial, das andere Übungsformen hervorragend ergänzt und die Arbeit mit verschiedenen Altersgruppen und Lernausgangslagen erlaubt. **Lesen mit Lisa** besteht aus vier Arbeitsheften für Schüler und einer Anleitung für Pädagogen. **Lesen mit Lisa** besticht mit liebevoller Grafik und präsentiert die Inhalte in abwechslungsreicher Umgebung mit der Maus Lisa als verbindendem Element. Besonderen Wert legen die Autoren auf klare, überschaubare Strukturen, motivierende grafische Gestaltung, kurze Bearbeitungsdauer, wiederkehrende Übungsformen und eindeutige Aufträge. Die lebendige Gestaltung erleichtert den Kindern den emotionalen Zugang zu den Inhalten. Das Material kann nach Vorübungen (Wortgliederung mit Silbenklatschen, Unterscheidung langer und kurzer Wörter, Einführung der Vokale) ergänzend eingesetzt werden und eignet sich besonders für Grundschüler, die im zweiten Anlauf mit dem Lesen neu beginnen.

Lesen mit Lisa. Gesamtausgabe	**Best.-Nr. 045-5**
Lesen mit Lisa. Heft 1	**Best.-Nr. 039-4**
Lesen mit Lisa. Heft 2	**Best.-Nr. 040-0**
Lesen mit Lisa. Heft 3	**Best.-Nr. 041-7**
Lesen mit Lisa. Heft 4	**Best.-Nr. 042-4**
Lesen mit Lisa. Anleitung	**Best.-Nr. 038-7**

Schreiben mit Lisa

Schreiben mit Lisa ergänzt **Lesen mit Lisa**. Zu jedem **Lesen mit Lisa**-Heft existiert ein paralleles **Schreiben mit Lisa**-Heft, das die Inhalte aufgreift und die Schreibanteile in den Vordergrund stellt. Da die Arbeitsanweisungen eindeutig sind, erübrigt sich eine Anleitung.

Lesen mit Lisa muss nicht zwingend vorliegen, der Zusammenhang zwischen den Werken erleichtert die Orientierung jedoch sehr.

Schreiben mit Lisa. Gesamtausgabe	**Best.-Nr. 106-3**
Schreiben mit Lisa. Heft 1	**Best.-Nr. 056-1**
Schreiben mit Lisa. Heft 2	**Best.-Nr. 057-8**
Schreiben mit Lisa. Heft 3	**Best.-Nr. 058-5**
Schreiben mit Lisa. Heft 4	**Best.-Nr. 059-2**

Unser besonderes Angebot für Sie:

Lesen mit Lisa & Schreiben mit Lisa. Gesamtausgabe	**Best.-Nr. 200-8**

Diese Gesamtausgabe enthält Lesen mit Lisa. Hefte 1-4 und die Anleitung sowie Schreiben mit Lisa. Hefte 1-4!